Bibliographic information published by the German National Library:

The German National Library lists this publication in the National Bibliography; detailed bibliographic data are available on the Internet at http://dnb.dnb.de .

Imprint:

Copyright © 2015 GRIN Verlag, Open Publishing GmbH
Print and binding: Books on Demand GmbH, Norderstedt Germany
ISBN: 978-3-668-14988-5

This book at GRIN:

http://www.grin.com/es/e-book/315794/el-gobierno-de-juan-domingo-peron-entre-1946-1955-en-argentina-un-caso

Jerome Velt

El gobierno de Juan Domingo Perón entre 1946-1955 en Argentina. ¿Un caso de populismo?

GRIN Publishing

GRIN - Your knowledge has value

Since its foundation in 1998, GRIN has specialized in publishing academic texts by students, college teachers and other academics as e-book and printed book. The website www.grin.com is an ideal platform for presenting term papers, final papers, scientific essays, dissertations and specialist books.

Visit us on the internet:

http://www.grin.com/

http://www.facebook.com/grincom

http://www.twitter.com/grin_com

Freie Universität Berlin
Institut für Romanische Philologie
Proseminar: Historia de dos ciudades. Buenos Airey y Montevideo

„En que medida se trata de populismo bajo del gobierno de Perón entre 1946-1955 ?"

Name: Jerome Velt

índice

Introducción

En el año 1946, Perón fue elegido como presidente de Argentina a base de elecciones democráticas. Durante su primer mandato presidencial entre 1946 y 1955, Perón había instalado muchas reformas politicas a base de una buena situación económica, cuyos resultados eran sobre todo a favor del pueblo trabajador . A este periodo polìtico bajo el mandato de Perón es conocido como el „Peronismo" en la historia de Argentina. Sin embargo, es necesario definir primero que significa el término „Peronismo". Muchas cientificos políticos equiparan la politica de Perón con el populismo y no quiero excluir que el término refleja el populismo de la política de Perón, aunque sea muy complejo definir los dos terminos – Peronismo y Populismo- en concreto debido a que son bastante insípidos y ambigüos. En primer instante los dos términos aparecen como un fenómeno. El Diccionario de la lengua española define el término Peronismo como „*Movimiento político argentino surgido en 1945, tras la subida al poder de Juan Domingo Perón.* "[1] .Sin embargo, no tiene ninguna definición en cuanto a Populismo.

Existe diversos cientificos que han investigado el populismo no sólo de manera general sino además de manera particular como en el contexto latinoamericano. Lo interesante ha sido que siempre se han cuestionado estas dos preguntas I„¿Qué es el populismo? Y „¿ Mediante cuáles criterios se define el término?"

En base a estas circunstancias es necesario de referir al principio de las investigaciones cientificas sobre el populismo antes de investigar los aspectos populistas de la política de Perón durante el perido de 1946 a 1955.

El objetivo primordial de mi trabajo es investigar „¿en que medida se trata de populismo bajo del gobierno de Perón entre 1946-1955?", pregunta central que quiero descubrir a base de diferentes investigaciones científicas sobre el populismo latinoamericano. Una vez recabada la información compararé los resulatados de las investigaciones con la política real de Perón.

Capitúlo I

1.1   El término „Populismo"

Como mencioné al principio de la introducción, el término populismo es insípido y ambiguo. Hay sólo unos pocos términos con fundamentos teóricos, cuyo uso son tan versátiles como el término en sí.[2] De vez en cuando, se entiende el término „populismo" como reformativo o

---

1   http://lema.rae.es/drae/?val=populismo, solicutado: 22.07.2015, 19:55
2   Vgl. Hentschke, Jens R: „Populismus - Bedeutungsebenen eines umstrittenen theoretischen Konzepts" (1998), in: Arbeitshefte des Lateinamerika- Zentrums Nr. 46, hg. Westfälische Wilhelms-Universität, Lateinamerika-Zentrum, S. 4

revolucionario y entonces -otra vez- como reaccionario.[3] Uno puede observar en el populismo la transformación del pueblo en agentes de percepción de la política, el otro ve en el populismo como un fenómeno irracional[4] Debido a la connotación diástrático y diatopico, está excluido una claridad conceptual.[5] El uso del término „populismo" es empleado diferente en el lenguaje de prensa, en la lenguaje coloquial y en el lenguaje cientifico.[6] La complejidad del término „populismo" provoca que un consenso mínimo es casi imposible. La interpretación del término es diferente para los historiadores, politólogos, sociólogos y cientificos de comunicaciones.[7] Es decir, existen numerosos trabajos científicos sobre el tema del populismo. Laclau señala (1977), „el populismo no es solo un concepto de las ciencias sociales sino un dato de la experiencia de amplios sectores de la población que definieron y definen de esta manera sus identidades colectivas".[8]

Además, numerosos cientificos distinguen entre el populismo del primer mundo y el populismo del „tercer mundo*[9] como por ejemplo en Africa o Latinoamerica. Puhle ha señalado las similitudes y diferencias en varios ensayos.

En el marco de mi trabajo no profundizaré los diferentes conceptos teoreticos sobre el populismo, sino me enfocaré en tanto como me sea posible al analisis del populismo en Latinoamerica antes de abordar el populismo visto en el gobierno de Perón de 1946 a 1955.

1.2 El populismo en América Latina

Si bien las raíces históricas del populismo se remontan en los Estados Unidos y Rusia, América Latina se considera el área preferida de los populistas.[10] Un estudio comparativo habla del populismo consolidado en América Latina, otros ven en él la fuerza política más fuerte del siglo XX, porque él trajo la integración de una amplia población bajo la figura de un líder político en la política de América Latina.[11]

Pauli Ralf menciona que tres dieferentes enfoques para definir el populismo latinoamericano en general, coinciden en tres características centrales:[12]

3 Vgl. Ebenda, S. 4.
4 Vgl. Ebenda, S. 4.
5 Vgl. Pauli, Ralf: Kirchnerismo in Argentinien – zwischen populistischer Tradition und delegativer Demokratie, München 2010, S.11.
6 Ebenda, S. 11
7 Vgl. Hentschke, Jens R: „Populismus - Bedeutungsebenen eines umstrittenen theoretischen Konzepts" (1998), in: Arbeitshefte des Lateinamerika- Zentrums Nr. 46, hg. Westfälische Wilhelms-Universität, Lateinamerika-Zentrum, S. 7
8 Guerrero, Gustavo Sánchez: Caudillismo, populismo y ensoñación socialista, (2008), S. 8
9 * En mi opinión el término "tercer mundo" es poco claro. En cuanto al mi trabajo escrito el término se refiere a los países menos indutrializado.
10 Vgl. Werz, Nikolau (Hrsg.): Populismus- Populisten in Übersee und Europa (2003), S. 45
11 Ebenda, S. 45
12 Vgl. Pauli, Ralf: Kirchnerismo in Argentinien – zwischen populistischer Tradition und delegativer Demokratie, 2010, S.14

1.La conexión entre los líderes carismáticos y masas.

2.La apelación al pueblo.

3.Un discurso nacionalista que divide el país en dos bandos.

En vista a los lideres populistas el científico político Nikolaus Werz posee 4 características:[13]

1.   Los populistas provienen en su mayoría de la clase media baja y la provincia.

2.   Tienen generalmente un grado académico (en parte en una Academia militar) .

3.   Los populistas exitosos tienen excelente conocimiento del país y consiste de su cercanía con el pueblo.

4.   Por lo general son hombres y los miembros de la etnia dominante, esto queire decir que son blancos o mestizos.

Debido a la larga duración y la heterogeneidad de las experiencias de las distintas formas del populismo algunos científicos hacen una distinción entre el **populismo clásico** (1930-1970), el **neo populismo** (1990-2000) y **populismo de izquierda** (desde 1998).[14] Werz incluye además el término populimus histórico y así se refiere al caudillismo, lo que voy a explicar en el segiuente punto. No obstante, no está claro si   Werz concluye con el término populismo histórico o populismo clásico ,o bien si el termino solo abarca el margen de tiempo desde el periodo de la independencia de América Latina hasta el año 1930.

1.3   El populismo historico en America Latina

En esta sección voy a analizar como se ha desarrollado el populismo en America Latina. A diferencia de otras regiones del "tercer mundo" , la mayoría de países de América Latina lograron la independencia formal de España a principios del siglo XIX y más tarde Brasil de Portugal. [15] En las primeras décadas despúes de la independencia (hasta algo 1870) dominaron los caudillos, que llegaron al poder político por golpes de estados o rebeliones, los acontecimientos políticos en los Estados recién formados. [16] El caudillismo se puede definir de la seguiente manera: Caudillismo es un tipo de gobierno autoritario, que no está institucionalizado, sino basado principalmente en el liderazgo personal de la clase dominnte.[17] En esta relación de compañerismo, la autoridad de un caudillo no se basa en la violencia, pero al menos en el reconocimiento voluntario de sus simpatizantes y seguidores.[18] Generalmente se puede decir que el caudillismo fue el precursor del populismo. El escritor Gustavo Sánchez Guerrero escribe que; „ El „caudillismo" ye el „populismo" explican en parte,

---

13 Vgl. Werz, Nikolau (Hrsg.): Populismus- Populisten in Übersee und Europa, (2003), S. 52
14 Ebenda, S.14
15 Vgl. Werz, Nikolau (Hrsg.): Populismus- Populisten in Übersee und Europa, (2003), S. 47
16 Vgl. Ebenda. S. 47
17 Waldmann, Peter: Caudillismo als Konstante der politischen Kultur Lateinamerikas?, in: Jahrbuch für die Geschichte von Staat, Wirtschaft und Gesellschaft Lateinamerikas 15, (1978), S. 194
18 Werz, Nikolau (Hrsg.): Populismus- Populisten in Übersee und Europa, (2003), S. 47

el atraso que caracteriza a Iberoamerica. Entre ambos existe una solución de continuidad, más allá que uno pertenzca al siglo XIX, y él otro surja en el siglo XX, pues, el segundo manifiesta el carácter autoritario y las prerrogativas extraordinarias propias del „caudillismo", la diferencia radica en que, el populista actúa en un contexto dieferente al de la fragmentación regional y escasa penetración social del Estado en el que proliferó el caudillaje. [19]

Lan gran depresión mundial de 1929 y la segunda guerra mundial ha favorecido con los paros de los flujos internacionales de mercancías el surgimiento de industrias nacionales, capas de los trabajadores urbanos, así como la expansión del mercado interno . Así se debilita la oligarquía agrícola. [20]

Como menciona Werz, el populismo histórico se refiere a los movimientos y regímenes que se caracterizan por las siguientes particularidades :[21]

1. Hay una base de masas formada por una clase baja, que sobre todo proviene del campo.
2. Los movimientos populistas no tenían ninguna posición ideológica clara, pero buscaban una vía entre el capitalismo y el socialismo
3. En la economía, buscaron a la industrialización y distribución de los sueldos.

Un efecto secundario era un antiimperialismo moderado contra Inglaterra y Estados Unidos

1.4 Conclusión del primer capítulo

Despúes de haber analizado el termino populismo en general y el populismo en America Latina voy a resumir de manera concreta el primer capitulo antes de empezar con el análisis en la que voy a aplicar los conceptos teoreticos sobre el populismo a la politica de Perón durante su primer mandato como presidente entre 1948-1955.

El primer capítulo muestra que no hay ninguna definición clara para el término populismo y que el significado se divirsifica dependiendo no sólo del contexto de las diferentes regiones del mundo, sino además de los distintos rumbos cientificos. No obstante, los diferentes enfoques cientificos sobre el populismo tienen por un lado algunos características en común que son las siguientes:

1. La conexión con una base de masas
2. Un líder carismático y conocedor de su país.
3. La apelación al pueblo
4. Soluciones simples para problemas complejos
5. Campañas emocionales mediante los medios.

19 Guerrero, Gustavo Sánchez: Caudillismo, populismo y ensoñación socialista, (2008), S. 13
20 Ebenda. S.48
21 Ebenda. S.48

Por otro lado, el populismo en America comparte las siguientes pecularidades:

1. Un líder carismático
2. Un lazo directo forjado entre el líder y las masas.
3. Una política social
4. La relación con el nacionalismo
5. El fortalecimiento de la economía nacional
6. La apelación del pueblo que viene de la clase social baja.

En el siguiente capítulo, en el que explicaré los conceptos teoreticos sobre el populismo a la politica de Perón entre 1948-1955, solo me enfocaré a los puntos en común sobre el populismo en general tal como algunas caractarsiticas en común del populismo en America Latina.

1.5 El Peronismo

Antes de empezar con el analisís en el que abordaré el Peronismo entre 1946-1955 mediante la pregunta central „¿En que medida se trata de populismo bajo del gobierno de Perón entre 1946-1955 ?" voy a explicar de forma concreta que significa el término „Peronismo".

Tal como la definición del término „Populismo" el término „Peronismo" no tiene ningún significado claro. Como ya amencionado en la introducción „El Diccionario de la lengua española define el término Peronismo como „Movimiento político argentino surgido en 1945, tras la subida al poder de Juan Domingo Perón. "[22]

Probablemente nadie ha influido tanto en la política Argentina durante la segunda mitad del siglo pasado como Perón. Tres veces, Perón fue elegido Presidente de Argentina; 1946, 1951 y 1973. Antes de su reelección en el año 1973 Perón había vivido casi 2 años en el exilio español, desterrado por los dictadores e idolatrados por los trabajadores. Perón murió 1974 pero no el Peronismo. Perón todavía está en todas partes: en calles que llevan su nombre, así como también en escuelas, hospitales, cuarteles y restaurantes. Esto significa que el peronismo sigue presente. Pero ¿qué exactamente significa el peronismo? El escritor argentino Martín Caparrós ha definido el Peronismo así; „El peronismo, al final, es el 60: una línea de colectivos que en realidad son muchas. Todas tienen el mismo color, el mismo número, pero una va a Tigre, otra a Escobar, una va por Ayacucho, otra por Libertad, y todas se pintan igual, aunque sean tan distintas. Así lleva a sus clientes, entregados, apiñados, a cualquier lado, el peronismo".[23] Esta cita demuestra que el peronismo puede ser todo dentro el espectro político. „Perón mismo se burlaba en sus memorias de las diversas etiquetas que intentatron

---

22 http://lema.rae.es/drae/?val=populismo, solicitado: 22.07.2015, 19:55
23 http://derekdice.blogspot.de/2008/08/el-peronismo-y-la-linea-60.html, solicitado: 26.07.2015, 17:09

adherirle": [24] „ Unos me llamaban fascista y otros nazi, y hasta dijeron que era comunista y nazi, como si se pudiera ser nazi y comunista al mismo tiempo".[25]

Desde el punto de vista de historiadores surgen diferentes enfoques en vista a la intepretación política del peronsimo. El historiador Alberto Ciria y tras él Ricardo del Barco „identificaban al régimen y su idelogía como nazi-facista, apareciendo ya en las últimas etapas del gobierno militar surgido en junio de 1943, en el que Perón se convirtió en la figura dominante y estableció una alianza con las clase trabajadora".[26] Liberales, socialistas y comunistas interpretan el peronismo como una „vernácula de nazi-fascismo, o de fascismo criollo".[27] y el invetigador y jurista Carlos S. Fayt desarrolló el argumento de que el peronismo „es la versión argentina del fascismo italiano"[28] Contrariamente a esta creencia la autora Mónica Quijada no ve en el peronismo una tendencia fascisca y argumenta que una de las cracterísticas del fascismo europeo entre las dos guerras mundiales era su carácter expansionista y su aspiración a establecer un imperio y escribe que este carácter no puede encontrarse en la Argentina de Perón.[29] Según Zeev Sternhel, las raíces del populismo latinoamericano, la misma manera que el fascismo europeo, se encuentran en el mismo fenómeno político, social y cultural conocido como la entrada de las masas a la política.[30] Bien es verdad que Perón admiraba a Mossulini, por lo que muchos científicos comparan la Argentina de Perón con la política en Italia bajo el regimén de Mossulini, pero no se puede comparar la política de Perón con la de Mossulini[31] Mossulini, los grandes empresarios y banqueros italianos tuvieron como objetivo suprimir a la población italiana ,que exigió el socialismo, y reunir todos los esfuerzos en el páis para la expanisón imperialista.[32] Perón y la población Argentina persiguieron los mismos objetivos en cuanto a la eliminación de la dependencia imperialista[33] Además, hay un paralelismo con el estado italiano bajo Mossulini en vista a la vinculación entre un líder caraismatico y las masas, aunque la realación era diferente. El instrumento más importante para Perón era el foco de los sindicatos a las medidas del gobierno peronista.[34] O sea, el sindicato jugó un papel fundamental para el populismo.

24 Rein, Raanan: Peronismo, Populismo y política Argentina 1943-1955, (1998), S. 29
25 Ebenda. S. 19
26 Ebenda. S. 19
27 Ebenda. S. 20
28 Ebenda. S. 20
29 Quijada, Monica: El proyecto peronista de creación de un Zollverein sudamericano, 1946-1955, (1994), S. 145
30 Sternhel, Zeev: The Facist Thought and Its Variations, (1988), S. 14
31 W. Heuer/ W. Oberreit: zwischen Peronismus und Videla Diktatur, (1978), S. 43
32 Ebenda. S. 44
33 Ebenda. S. 44
34 Ebenda, S. 44

- 9-

Capitúlo II

1.1 El Peronismo como movimiento populista?

Despúes de haber tratado el peronismo, mediante un intento de una definición, voy a investigar el peronismo (1946-1955) bajo de los criterios que comparten científicos en común en vista al populismo en general y el populismo latinoamericano. Sobre la base de esta invetigación deseo descubrir si existen coincidencias con las definiciones científicas del populismo y la política real en Argentina bajo del presidente Perón entre 1946 y 1955. En esta sección exploraré, entre otras cosas, hechos reales de la política peronista, así como también me enfocaré a un discurso de Eva Perón con el objeto de comparar las fuentes secundarias con las fuentes primarias. En este sentido, concentraré mi atención en Eva Perón ya que ella era un vínculo muy importante entre Perón y el pueblo.

El 17 de octubre de 1945 considera como mito fundacional del peronismo. 300 000 trabajadores municipales (descamisados) se reunieron frente al Palacio de gobierno en Buenos Aires, para exigir la liberación de Perón (En aquel momento, Perón fue Ministro de trabajo del gobierno argentino) quién fue detenido por los militares.[35] La gente delante del Palacio de gobierno gritaban todos juntos: "nosotros queremos a Perón". [36] Desde el establecimiento de la Secretaría de Trabajo y de Justicia Social en el año de 1943, Perón había asegurado mejores condiciónes para la clase obrera. [37]

Para entender por qué el movimiento de las masas era compuesto en particular de la clase obrera urbana, es necesario estudiar como era la situación politica antes de 1945. La aparición de la masas urbana fue el resultado de la industrialización y el desarrollo demográfico, así como la situación del mercado de trabajo después de la gran depresión en 1929.[38] Esto significa que la depresión mundial era el disparador para el movimiento peronista. La crisis demostró la vulnerabilidad del modelo económico argentino de una economía de exportación de productos agropecuarios a las fluctuaciones cíclicas en el mercado mundial [39] y marca el comienzo de un periodo que se conoce como „Década infame (1930-1943)" al periodo de la historia de Argentina. Una crisis externa requirió un reajuste de la economía Argentina. En este tiempo gobernó en Argentina una oligarquía agrícola que afianzó su poder mediante el fraude electoral, el soborno y la corrupción.[40] La oligarquía bloquea un cambio fundamental del modelo económico argentino debido a la crisis internacional.[41] Según Waldman, „la más grave, quizá,

---

35 Vgl. Pauli, Ralf: Kirchnerismo in Argentinien – zwischen populistischer Tradition und delegativer Demokratie, (2010), S. 42
36 Vgl. W. Heuer/ W. Oberreit: zwischen Peronismus und Videla Diktatur, (1978), S. 39
37 Ebenda. S. 43
38 Vgl. Pauli, Ralf: Kirchnerismo in Argentinien – zwischen populistischer Tradition und delegativer Demokratie, (2010), S. 15
39 Birle, Peter: Argentinien: Unternehmen, Staat und Demokratie, (1998), S. 79
40 Ebenda. S. 78
41 Kürzinger, Edith: Entwicklung, 1988, S. 31-35

entre las deficiencias de que adolecían los proyectos sociales nacionalistas fué que se concentraron exclusivamente en el problema de la formación y renovación de élites y descuidaron el de la formación e integración de los estratos sociales inferiores".[42] Evidentemente, estas circunstancias han provocado la exigencia de una gran parte de la población Argentina, sobre todo de los trabajadores, a una reforma del sistema político en Argentina.

La historia Argentina muestra que los participantes del movimiento peronista en particular proviene de la clase trabajadora, que antes fue excluida de la política por parte de la Oligarchía. Esta circunstancia por un lado tal como la situación economica por la gran depresión en 1929 fueron para Perón un requisito previo importante para movilizar un gran parte de la sociedad. El sindicato fue un instrumento importante para la conexión y movilización de las masas trabajadoras. No sólo en Buenos Aires, sino en todo el país se manifestó la gente poco después de que Perón fue detenido por los militares en octubre 1945. En Tucuman exigió el sindicato FOTIA**[43] en el 17. de octubre 1945 los seguientes puntos:[44]

a) Se declara la huelga revolucionaria por un período indefinido en todas las fábricas de azúcar.
b) Formar una comisión con la tarea de conectar con los sindicatos en Buenos Aires (...).

En todo el país las personas se organizaron para liberar a Perón. Debido a las masas de pueblo que se reunieron en todo el país, el militar temía que una guerra civil explotaría si no se cumpleian las exigencias de las masas de gente.[45] El 17 de octubre de 1945, Perón fue liberado de la prisión por los militares y poco despúes Perón habló desde el balcón del edificio de gobierno „ Esperamos que los días seguientes sirvan para la reconstrucción de la paz y de la nación.[46] En 24 de febrero de 1946, Juan Doimingo Perón fue elegido como presidente de Argentina en base a las elecciones democráticas.

Según de la definición del populismo en el primer capitúlo se cumple un criterio importante en vista al término populismo, el criterio de „una conexión con una base de masas" . No obstante, en relación con el concepto de populismo en general, muchos cientoificos hablan solamente de una basis de masas sin definir más concreto el término "masas" por un lado y el modo de la conexión por otro lado. Sin embargo, Nikolaus Wertz, con enfoque al populismo en America Latina, habla de una masa que proviene de la población pobre. En este punto hay que mencionar que el movimiento de masas en Argentina fue formado en su mayor parte por la clase obrera. El caso en Argentina en octubre de 1945 demuestra que Perón no hubiera llegado al poder sin un amplio movimiento de las grandes masas obreras. El 12 de febrero, doce días antes de las elecciones, llegó el „libro azul" a la luz en que Perón fue acusado como un fascista

42 Waldman, Peter: El Peronismo, 1943-1955, 1978, S. 29
43 La Federación Obrera Tucumana de la Industria del Azúcar
44 Vgl. W. Heuer/ W. Oberreit: zwischen Peronismus und Videla Diktatur, (1978), S. 39
45 Ebenda. S. 39
46 Ebenda. S. 40

por el nuevo embajador de Estados Unidos Braden.[47] Con el libro azul Braden ha intentado ocupar las amplias masas para sí mismo y con la finialidad de inicitar un moviiento conrario contra Perón. Sin embargo, la amplia población de Argentina se recordó a las reformas de Perón durante su tiempo como Ministro de trabajo por lo cual una contrarevolución parecía casi imposible.[48] Es evidente que Perón podía movilizar masas grandes sólo porque los sindicatos estaban detrás de él. Reenan menciona que "No únicamente trabajadores "nuevos y no agremiados, sino que la mayor parte del movimiento sindicalista empezó a dar su apoyo a Perón entre 1943 y 1945, para defender sus propis intereses, no los del líder".[49] Este hecho aclara que no había un lazo directo entre un líder carismático y las masas.

1.2   El culto a la personalidad de Perón y su modo y menera

Muchos científicos consideran una elemento primordial en el populismo y esta particularidad es que el líder es carismático. Sin embargo ellos no profundizan más allá con relación a el término „carismático". Por esta razón me referiré al término „culto a la personalidad" y quiero dejar el término „carismático" indefinido en vista a la personalidad de Perón.[50] Refieiendose a Perón, Waldman menciona que „con las técnicas de conducción perseguía una misma finalidad: ligar a su persona la mayor cantidad posible de individuos y grupos; contar con las facultades más omnímodas posibles sobre todas las instuciones políticas y sobre todos los factores de poder".[51] Sin embargo, como ya he dicho, esto sucedió no directamente, sino mediante los sindicatos.

Para el desarrollo de su culto a la personalidad, los medios de comunicación jugaron un papel importante. En los primeros meses después de que Perón asumió el cargo la prensa no tenía muchos problemas con relación a la censura, pero poco a poco esta situación se transformo.[52] En 1947, el gobierno comenzó, aunque indirectamete para guardar las apariencias democraticas, a proceder contra la prensa de oposición.[53] Los dos principales diarios independientes en la capital Buenos Aires "La Prensa" o "La Nación" utilizan un lenguaje simbólico y encriptado para informar a sus lectores acerca de los errores y abusos del gobierno, sin arriesgar restrecciones.[54] En el año 1949 y 1952, una serie de leyes penales fueron despedidas por lo que el gobierno podría enjuiciar a la prensa por, entre otras cosas, insultar la dignidad de oficiales o escándalo público.[55] Perón mismo perfeccionó su personalización por los medios de comunicación. Ya antes de su amor romance con "Evita"

---

47 Ebenda. S. 40
48 Ebenda. S. 40
49 Rein, Raanan: Peronismo, Populismo y política Argentina 1943-1955, (1998), S. 31
50 Waldman, Peter: El Peronismo, 1943-1955, (1978), S. 122
51 Ebenda. S.122
52 Schimmelpfennig, Birgit: Die Wahlkämpfe von 1946 und 1951 in Argentinien im Spiegel der Hauptstadtzeitungen, (2003), S. 40
53 Ebenda., S. 40
54 Luna, Felix: Perón y su tiempo, (TOMO1), (1991), S. 121
55 Schimmelpfennig, Birgit: Die Wahlkämpfe von 1946 und 1951 in Argentinien im Spiegel der Hauptstadtzeitungen, (2003), S. 41

Perón utilizó la radio para intensificar su relación con el pueblo. Durante una campaña de donación de sangre para las víctimas del terremoto en el año 1943, Perón pidió solidaridad del pueblo. Esta acción permitió la puesta en escena de la proximidad al pueblo, que estaba muy emocionado, y al mismo tiempo impulsó su popularidad en en pueblo.[56]

Pero también la esposa de Perón „Evita" (Eva Perón) jugó un papel muy importante tomando como recurso fundamental a los medios de comunicación. Ella fue un factor decisivo para la confianza de los trabajadores en el peronismo. Para lograr este objetivo, Evita hizo uso de compañas de emociones. Había un discurso de Evita en el Día del Trabajador en la Plaza de Mayo en el año 1952:

Compañeras, compañeros: Otra vez estoy en la lucha, otra vez estoy con ustedes, como ayer, como hoy y como mañana. Estoy con ustedes para ser un arco iris de amor entre el pueblo y Perón; estoy con ustedes para ser ese puente de amor y de felicidad que siempre he tratado de haser entre ustedes y el líder de los trabajadores. Estoy otra vez con ustedes, como amiga y como hermana y he de trabajar noche y día por hacer felices a los descamisados, porque sé que cumplo así con la Patria y con Perón. He de estar noche y día trabajando por mitigar dolores y restañar heridas, porque sé que cumplo con esta legión de argentinos que está labrando una página brillante en la historia de la Patria. Y así como este 1º de mayo glorioso, mi general, quisiéramos venir muchos y muchos años y, dentro de muchos siglos, que vengan las futuras generaciones para decirles en el bronce de su vida o en la vida de su bronce, que estamos presentes, mi general, con usted. Antes de terminar, compañeros, quiero darles un mensaje: que estén alertas. El enemigo acecha. No perdona jamás que un argentino, que un hombre de bien, el general Perón, esté trabajando por el bienestar de su pueblo y por la grandeza de la Patria. Los vendepatrias de dentro, que se venden por cuatro monedas, están también en acecho para dar el golpe en cualquier momento. Pero nosotros somos el pueblo y yo sé que estando el pueblo alerta somos invencibles porque somos la patria misma.[57] El discurso está lleno de las palabras emecionantes. Evita, profundamente venerado hasta hoy por la población Argentina, encarna los deseos de todos aquellos que querían ganar la independencia, la libertad y la prosperidad con el gobierno peronista. Pero en su discurso también indica su lealtad a Perón (Vgl. (...) un arco iris de amor entre el pueblo y Perón (…).)

1.3   Medidas del gobierno peronista entre 1946 - 1955

General Uriburi, con su ascenso al poder comenzó la década infame, eliminó el sufragio universal en 1930 y y poco después la ley sobre el salario mínimo y el resultado fue que el número de desempleados se elevó a 280 000.[58] Debido al deterioro en la agricultura la población rural emigró a las ciudades y el número de parados se levantó más adelante. Las

56 Theweleit, Klaus: Buch der Könige, (1994), S 280
57 http://www.elhistoriador.com.ar/documentos/ascenso_y_auge_del_peronismo/discurso_1ro_ de_mayo_52_evita.php, solicutado: 27.08.2015, 21:04
58 Vgl. W. Heuer/ W. Oberreit: zwischen Peronismus und Videla Diktatur, (1978), S. 47

- 13-

demandas por mejores condiciones de vida y servicios sociales fueron más fuerte.[59] Pero con el tiempo de Perón como presidente de Argentina, la situación se cambió. El gobierno emepzó a nacionalizar las empresas de infraestructura que eran controladas desde el extranjero, como por ejemplo, ferrocarriles, puertos y centreales de gas. Los propietarios recibieron una compensación. La medida más importante fue la nacionalización del comercio exterior para productos de exportación tales como trigo y carne. Así las ganancias no iban al extranjero , sino al tesoro público. Los recursos financieros podrían ser utilizados para las reformas del gobierno peronista, como por ejemplo reformas sociales.[60] Debido a estas circunstancias, el gobierno peronista podría lograr mejoras para una gran parte de la población, sobre todo para la clase obrera. Perón introdujo un sistema de seguridad social y dejó construir vivinedas baratas. Además, introdujo la licencia pagada.[61] La doctrina peronista no sólo abarcaba las asociaciones profesionales, sino también las sociales, políticas y culturales, a las cuales cencedía también gran importancia.[62] „Quizá Perón previera a largo plazo un orden político muy semejante al modelo del Estado corporativo; pero su objetivo inmediato era otro. En primer lugar le interesaba captar a esa masa amorfa de población que se había establecido en la periferia de los centros urbanos del Este argentino, sobre todo en el Gran Buenos Aires.[63]

1.4   Conclusión final

En esta parte me dedico a la pregunta central de mi trabajo „en que medida se trata de populismo bajo del gobierno de Perón entre 1946-1955 ?" . Despúes de haber analizado el término populismo en general y el mismo término con enfoque a latinoamerica por otro lado en el primer capítulo y la aplicación del término a la politica de Perón entre 1946-1955 en el segundo capítulo quiero investigar si existen coincidencias parciales de los cientificos quen han investigado el populismo con la politica real de Perón.
En primer lugar, quiero subrayar que durante la investigación descubrí que el término es muy impreciso y en cuanto a una definición precisa del término populismo los científicos no tienen una definición fundamental y la definición también depende de la dirección científica. O sea, un historiador no tiene la misma definición como un cientifico político. No obstante, a pesar de la diefferencias entre las diversas direcciones científicas, hay muchas similitudes. En mi trabajo científico, sólo me he referido a los caracetrísticas en común. En vista a la politíca real bajo del presidente Perón entre 1946-1955 descubrí que Perón cumplió algunas puntos según la definición del populismo. Los puntos que me parecene importante son las siguientes:

a) La conexión con una base de masas, b) Una política social, c) La relación con el nacionalismo, d) Campañas emocionales mediante los medios, e) La apelación al pueblo que

59 Ebenda. S. 47
60 Ebenda. S. 47
61 Ebenda. S. 48
62 Vgl. Waldman, Peter: El Peronismo, 1943-1955, (1978), S. 53
63 Ebenda. S. 52

viene de la sociedad baja

Como ya había amencionado en mi trabajo escrito, existía una conexión con una base de masas que viene de la sociedad baja. En este punto los sindicatos jugaron un papel muy importante por un lado, tal como la esposa de Perón „Evita" por otro lado. Los sindicatos han conectado las masas con Perón en general. Así no existía una conexión directa sino indirecta. En este punto „Evita" también jugó un papel importante. Ella tenía la tarea de representar las inquietudes de la población frente a Perón. La forma era a menudo a través de varias discursos emocionales en el público,tal como mediante el apoyo de los medios de comunicación que han distribuido las emociones en todo el país. Los medios de comunicación eran para Perón un instrumento muy importante, para mantener la conexión entre Perón y las masas. Así se puede también explicar por qué Perón había censurado muchos medios de comunicación.

También en vista a los terminos de política social y la relación con el nacionalismo, puedo decir que Perón ha cumplido estos criterios. Perón ha adoptado una serie de medidas sociales y fuertemente ha establecido una economía nacional. En particular la parte más pobre de la sociedad ha beneficiado mucho de las medidas sociales. Así que la referencia a la sociedad más pobre era claramente visible.

En vista a la política real de Perón se peuder ver que él ha cumplido muchos criterios en cuanto a la definicíon de cientifos sobre el término "populismo". Sin emebrago, quiero subrayar que los criterios – definidos por los cientificos - sobre el populismo son muy general y al final falta una concreción más profunda. Además, los criterios que que han puesto los cientificos se puede también encontrar en otros regimes del mundo, como por ejemplo en Alemania durante mucho tiempo. Por ejemplo en Alemania también existe actualmente una politica social, pero no se compara el regimen de Alemania con un regimene populismo. Para evaluar si los medios políticos debajo de Perón eran populista hay que limitar los criterios que definen el término populismo.

Quellenverzeichnis:

Birle, Peter: Argentinien: Unternehmen, Staat und Demokratie; (1998)

Guerrero, Gustavo Sánchez: Caudillismo, populismo y ensoñación socialista; (2008)

Hentschke, Jens R: „Populismus - Bedeutungsebenen eines umstrittenen theoretischen Konzepts" ; (1998)

Kürzinger, Edith: Entwicklung; (1988)

Luna, Felix: Perón y su tiempo, (TOMO1); (1991)

Pauli, Ralf: Kirchnerismo in Argentinien – zwischen populistischer Tradition und delegativer Demokratie; (2010)

Quijada, Monica: El proyecto peronista de creación de un Zollverein sudamericano, 1946-1955; (1994)

Rein, Raanan: Peronismo, Populismo y política Argentina 1943-1955; (1998)

Schimmelpfennig, Birgit: Die Wahlkämpfe von 1946 und 1951 in Argentinien im Spiegel der Hauptstadtzeitungen; (2003)

Sternhel, Zeev: The Facist Thought and Its Variations; (1988)

Theweleit, Klaus: Buch der Könige; (1994)

W. Heuer/ W. Oberreit: zwischen Peronismus und Videla Diktatur; (1978)

Waldman, Peter: El Peronismo, 1943-1955; (1978)

Waldmann, Peter: Caudillismo als Konstante der politischen Kultur Lateinamerikas?, in: Jahrbuch für die Geschichte von Staat, Wirtschaft und Gesellschaft Lateinamerikas; (1978)

Werz, Nikolau (Hrsg.): Populismus- Populisten in Übersee und Europa; (2003)

Internetquellen:

1. Diccionario de la lengua española (Real Academia Española)
   http://lema.rae.es/drae/?val=populismo

2. El Peronismo y la Linea 60
   http://derekdice.blogspot.de/2008/08/el-peronismo-y-la-linea-60.html

3. Discurso de Evita en el Día del Trabajador - Plaza de Mayo (1952)
   http://www.elhistoriador.com.ar/documentos/ascenso_y_auge_del_peronismo/discurso_1ro_de_mayo_52_evita.php